© 2020 Gumdrop Press

Tous les droits sont réservés.

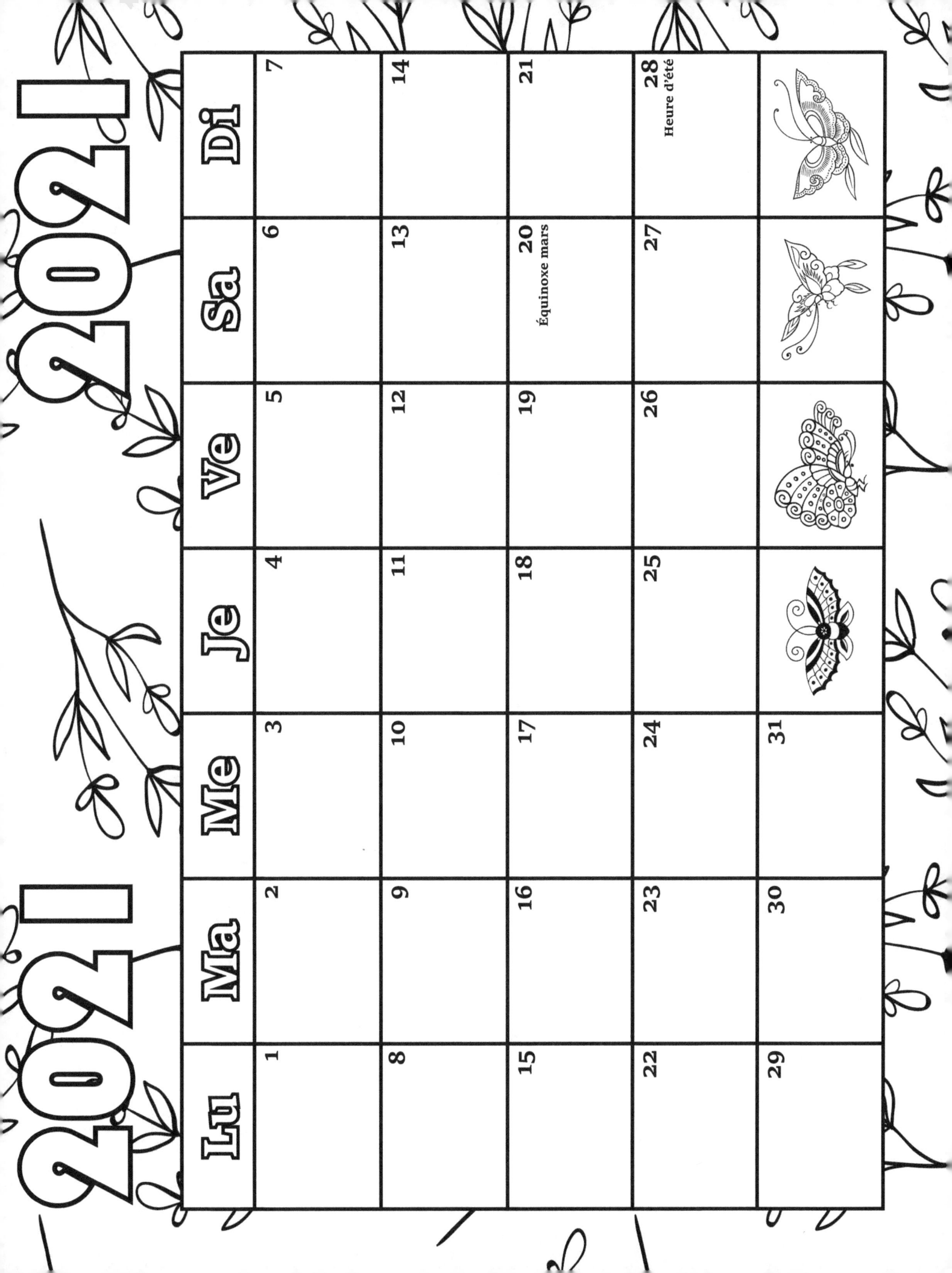

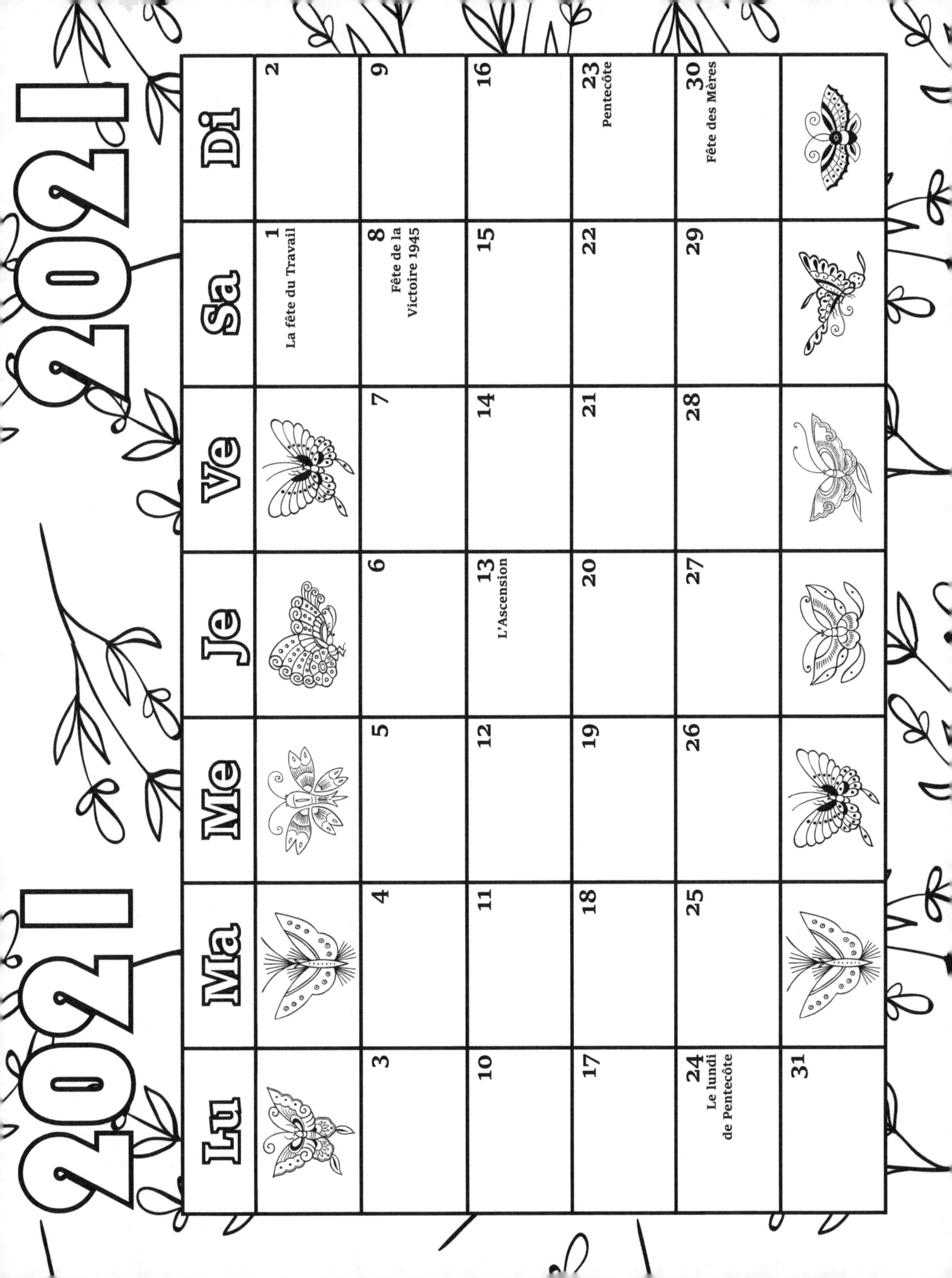

2021

Lu	Ma	Me	Je	Ve	Sa	Di
	1	2	3	4	5	6
7	8	9	10	11	12	13
14	15	16	17	18	19	20 Fête des Pères
21 Solstice juin	22	23	24	25	26	27
28	29	30				

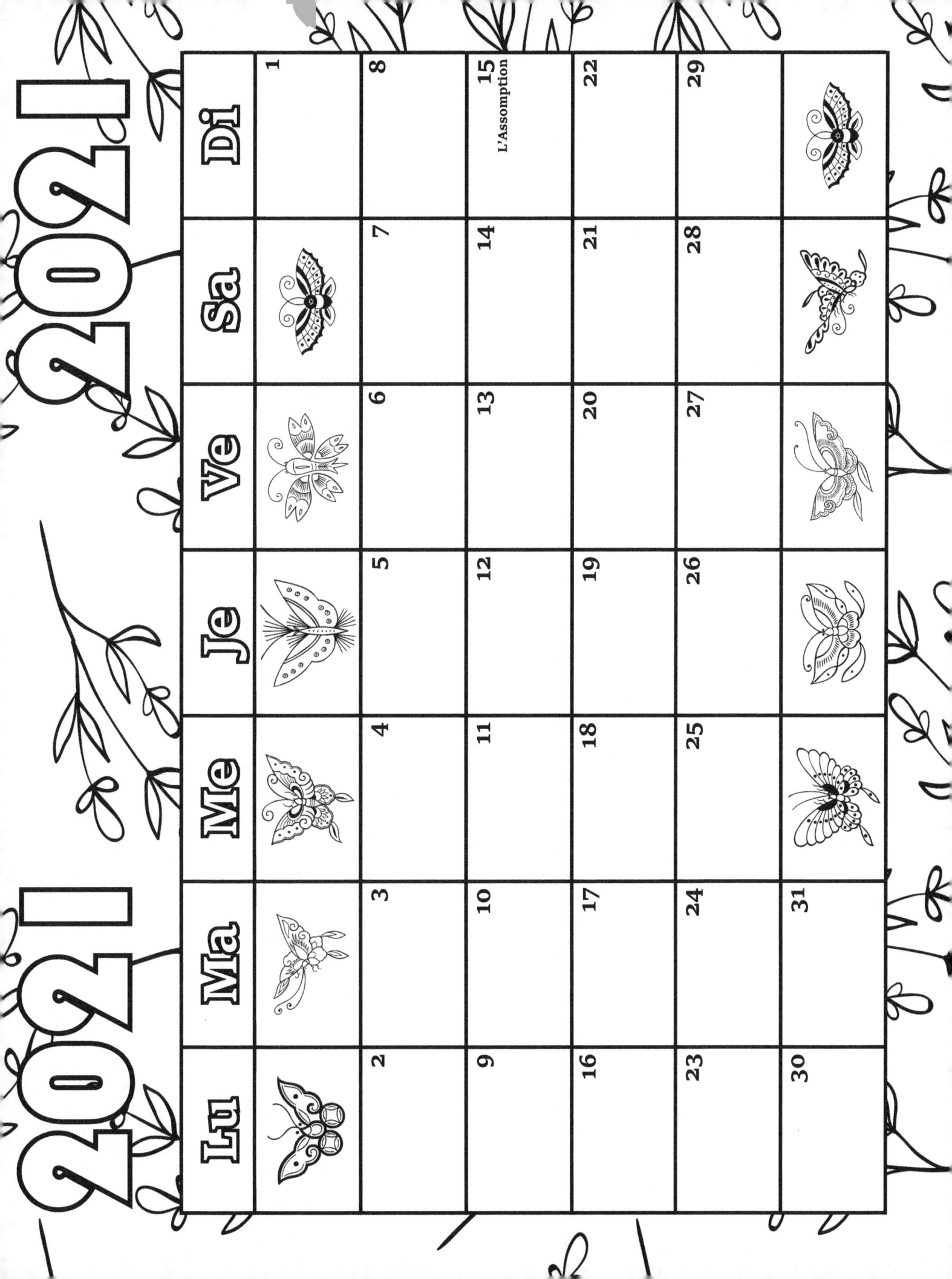

2021

Lu	Ma	Me	Je	Ve	Sa	Di
		1	2	3	4	5
6	7	8	9	10	11	12
13	14	15	16	17	18	19
20	21	22 Équinoxe sept	23	24	25	26
27	28	29	30			

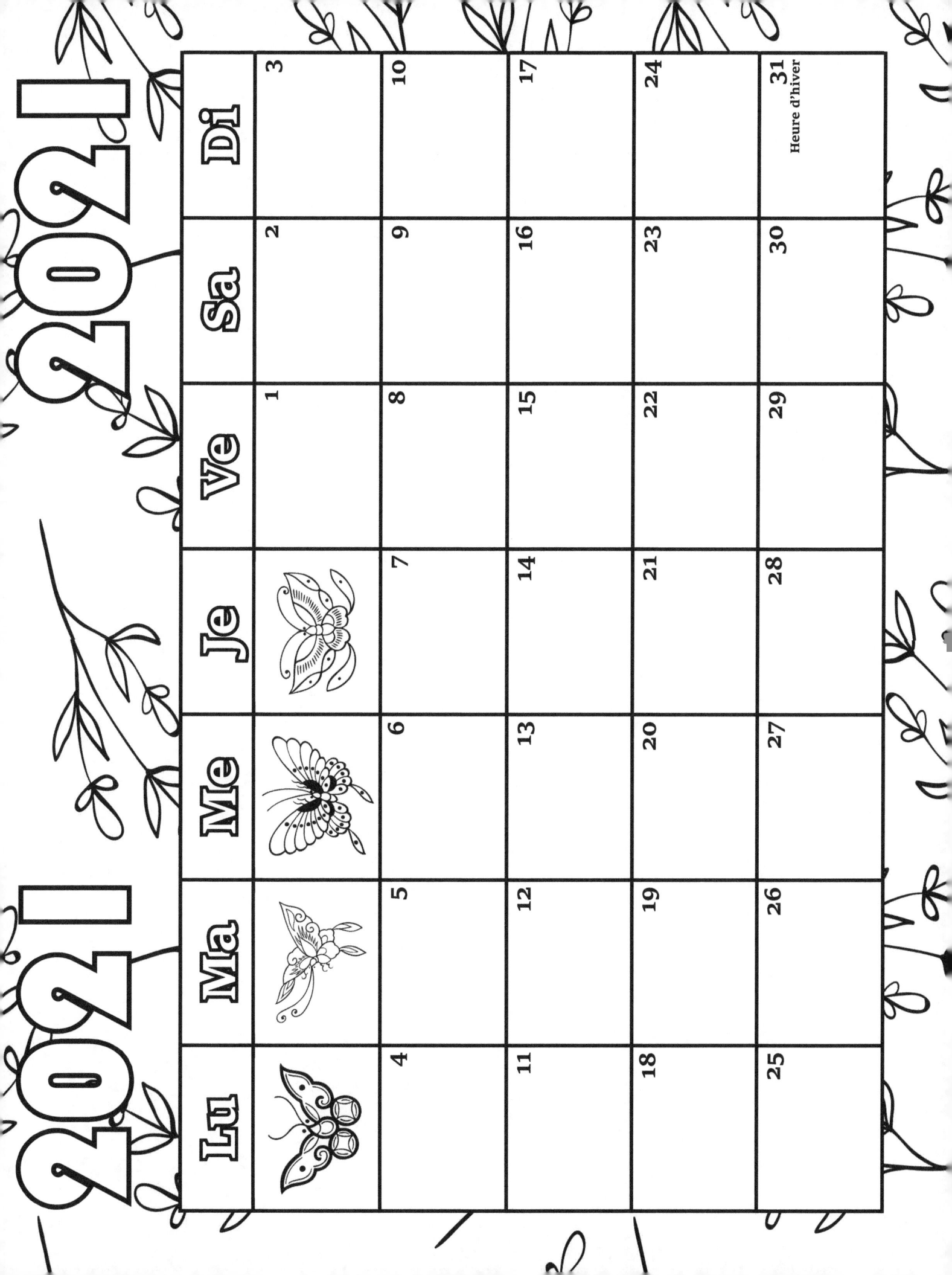

2021 Novembre

Lu	Ma	Me	Je	Ve	Sa	Di
1 La Toussaint	2	3	4	5	6	7
8	9	10	11 L'Armistice	12	13	14
15	16	17	18	19	20	21
22	23	24	25	26	27	28
29	30					

2021

Décembre

Lu	Ma	Me	Je	Ve	Sa	Di
		1	2	3	4	5
6	7	8	9	10	11	12
13	14	15	16	17	18	19
20	**21** Solstice déc	22	23	**24** La veille de Noël	**25** Noël	**26** Saint Étienne
27	28	29	30	**31** La Saint-Sylvestre		

www.ingramcontent.com/pod-product-compliance
Lightning Source LLC
Chambersburg PA
CBHW081128080526
44587CB00021B/3794